Sylvain Kahn

L'atlantisme est mort ? Vive l'Europe !

éditions de l'aube
fondation jean-jaurès

Reconnue d'utilité publique dès sa création, la Fondation Jean-Jaurès est la première des fondations politiques françaises. Elle est présidée par Jean-Marc Ayrault. Indépendante, européenne et social-démocrate, elle se veut depuis plus de trente ans un lieu de réflexion, de dialogue et d'anticipation. Les partenariats éditoriaux qu'elle engage répondent à l'ambition de faire naître analyses pertinentes et propositions audacieuses, mais aussi de mettre cette production intellectuelle et politique au service de tous. Laurent Cohen et Jérémie Peltier en sont les directeurs des publications.

L'atlantisme est mort ? Vive l'Europe !

Il faut sortir du déni, les États-Unis ne sont plus, depuis le 20 janvier 2025, les alliés des Européens. Nous n'avons plus d'alliés outre-Atlantique, si ce n'est le Canada. Selon nous, il convient fondamentalement d'assumer cette solitude : ci-gît l'atlantisme, faisons dorénavant sans lui et autrement. Comprenons-nous bien : ce propos n'est pas celui d'une joie mauvaise. Il ne s'agit pas de se réjouir de la trahison de l'allié américain au motif que ce lâchage viendrait justifier a posteriori l'antiaméricanisme ou l'anti-atlantisme. Ce propos n'est pas non plus celui d'une déploration mélancolique, au motif que hors de l'alliance atlantique, nous serions sans famille et orphelins.

Il s'agit de partager ici une analyse clinique de la situation des Européens : le trumpisme chamboule l'Europe, il la fragilise, il agit comme un crash-test : il va révéler ses vulnérabilités, mais aussi peut-être ses ressources et sa robustesse. Et si oui, lesquelles sont-elles ? et quelles sont celles dont les Européens ne disposent pas ou plus ? La mort de l'atlantisme place les Européens seuls avec eux-mêmes. Ils vont faire des choix. C'est cette situation nouvelle que ce petit livre veut rendre lisible. Pour que chacun d'entre nous puisse y contribuer en conscience, par son action, son engagement, sa voix ou son vote.

On voudrait d'abord que le lecteur sache qu'il y a deux interprétations possibles des événements en cours – et qu'il est encore trop tôt pour trancher de façon certaine laquelle l'emportera. La première est celle d'une crise majeure de l'atlantisme. La seconde est que l'atlantisme est mort et enterré.

Les tenants de la première ont des arguments solides et sont fortement incarnés. On y trouve, par exemple, entre autres, un expert aiguisé ancien secrétaire général adjoint de l'OTAN, une ancienne ministre de la Défense de la République française, un très ancien ministre des Affaires étrangères français devenu consultant, une ancienne Première ministre d'Estonie. À l'appui de l'hypothèse d'une crise majeure de l'atlantisme, il ne serait pas dans l'intérêt bien compris des États-Unis d'abandonner la solidarité avec leurs alliés européens. Les deux économies sont interdépendantes, le marché européen est le premier marché d'exportation pour l'industrie d'armement américaine, les acteurs du complexe militaro-industriel américain sont proches de leurs homologues européens, sans même parler des contrats d'armements, des habitudes intenses de travail coopératif, de manœuvres conjointes, de partage de renseignements qui ont été tissés depuis près d'un siècle. L'armée américaine, le Pentagone, l'appareil de sécurité américain vont finir par faire entendre raison à l'administration Trump, voire à saboter sa politique de maltraitance des alliés européens si nécessaire. Les électeurs américains eux-mêmes pourraient pousser Donald Trump à revenir sur cette politique dès les élections législatives intermédiaires de 2026 en donnant la majorité au parti démocrate. L'administration Trump pourrait d'elle-même infléchir sa doctrine en prenant conscience que Poutine n'a aucune intention de faire une trêve qui serait autre chose qu'une reddition de l'Ukraine. L'administration Trump pourrait justifier cet infléchissement par l'augmentation en cours des dépenses militaires des pays européens membres de l'OTAN. Tandis que les Européens ont mis leur réarmement au programme depuis février-mars 2025 en réaction à la politique pro-russe de Trump, ils programment une augmentation sensible de leurs dépenses militaires. Faire payer aux Européens le coût de la protection accordée par l'Amérique dans le cadre de l'OTAN, n'est-ce pas le but affiché de Donald Trump depuis sa première élection en 2016 ? Ce but serait enfin atteint par l'intimidation et la brutalité. Les avantages de l'implication des États-Unis dans l'OTAN et la défense des Européens seraient alors supérieurs à ses inconvénients.

Dans une conférence publique à la Maison de l'Europe, l'ex-ministre des Armées, Florence Parly expliquait que chaque crise de l'OTAN s'était soldée par un renforcement de l'alliance atlantique. Pourquoi l'issue de cette crise-ci dérogerait-elle à cette loi ? Précisément parce que cette fois-ci l'OTAN n'est pas en crise : elle est morte. On ne pourra lui redonner vie.

Avant de lister les arguments en faveur de ce diagnostic, nous aimerions partager une proposition logique et conséquente. À quelles conditions et à quel prix les Européens peuvent-ils soumettre leur unique alliance militaire et leur politique de défense à une telle incertitude ?

Quand bien même l'histoire donnerait raison à la thèse de la crise majeure, n'est-il pas rationnel et sage de ne plus remettre notre quiétude entre les mains des électeurs américains tous les deux ans et du président Trump et de ses héritiers tous les matins au réveil lorsqu'ils sont au pouvoir ?

Le paysage politique américain étant devenu ce qu'il est depuis dix ans, on ne peut plus dire que c'est une parenthèse, n'est-il pas judicieux pour les Européens de ne plus compter sur l'alliance avec les États-Unis tant pour leur politique étrangère que, surtout, leur politique de défense ? Si les fluctuations de la vie politique américaine autorisent des rapprochements et des convergences – comme ce fut le cas durant les quatre années du mandat de Joe Biden –, ils auront lieu, et chacun des partenaires en tirera profit.

Mais les Européens gagneraient à ne plus avoir à les subir. Sans quoi, ils prêtent le flanc à l'incertitude, donc à l'inquiétude, aux solutions mal conçues et de court terme, ou conduisant à une grande dépendance, voire à la vassalisation. L'OTAN repose sur la confiance et la prévisibilité. Le doute et l'incertitude vont la déliter. Dans ces conditions, quand bien même les États-Unis maintiennent cette alliance militaire de défense, ce serait dans des conditions très dégradées pour les Européens. La façon d'éviter une telle situation qui les entraverait, les fragiliserait et les minerait est simple à énoncer et à se représenter : l'autosuffisance militaire et de défense. Il revient aux Européens de ne plus dépendre des États-Unis et de l'alliance transatlantique en ce qui concerne leur défense.

C'est d'autant plus à considérer que les fondements politiques de cette alliance atlantique ont volé en éclat depuis le retour de Trump au pouvoir. Ce qu'avaient en commun Européens et Américains depuis la Seconde Guerre mondiale jusqu'au trumpisme, c'était l'attachement à la liberté – c'était

Tocqueville. En forçant le trait, on pourrait presque aller jusqu'à remarquer que c'est dans cette convergence occidentale qu'Européens comme Américains favorisaient la liberté comme système de valeurs et comme pratique sociale dominante dans leurs pays respectifs. Car ce penchant des sociétés occidentales pour la liberté est tout au long de leur histoire contemporaine en concurrence avec un penchant pour l'allégeance et l'obscurantisme. Le parti Républicain américain et la politique de l'administration Trump qu'il soutient sont du côté de l'allégeance et de l'obscurantisme. Il n'y a plus d'alliés avec lesquels on délibère, sur lesquels on compte dans une relation d'interdépendance, même asymétrique ; il n'y a que des tributaires qui doivent payer de leur allégeance politique, marchande et budgétaire le droit d'être non pas alliés des États-Unis, mais alignés sur les États-Unis, qui daignent leur accorder une protection éventuelle. C'est une conception mafieuse des relations internationales ; elle repose sur l'intimidation, la brutalisation et l'infériorisation des « partenaires » devenus des obligés.

Cette politique extérieure a son pendant domestique : c'est l'illibéralisme. Celui-ci est un populisme, il a pour fondement le rejet du pluralisme, et donc de la représentation, et la promotion de la manière de voir de la seule majorité – celle-ci étant assimilée au peuple. Le président élu est alors l'émanation du peuple tout autant que son incarnation. La majorité ne peut souffrir ni tendances ni différences, elle s'impose à la majorité parlementaire et aux élus – ils en sont l'instrument et non ses représentants. La minorité est assimilée au mieux à une dissidence, au pire à une anomalie qui menace le corps politique, le corps social, la culture du pays – le peuple est, en effet, par essence ici une totalité harmonieuse et sans conflit. L'illibéralisme s'en prend aux contre-pouvoirs qui remettent en cause cette conception du peuple, puisque ceux-ci garantissent les droits des minorités (politiques, culturelles, sexuelles, ethniques, religieuses, économiques) et le droit à la différence et à la délibération ainsi que l'État de droit, qui garantit les libertés individuelles et constitutionnelles, l'indépendance de la justice et le pluralisme politique.

Au nom des intérêts du peuple américain, le gouvernement se dit autorisé par tous les moyens dont il pense pouvoir disposer à contraindre les autres acteurs de l'espace mondial – étatiques et non étatiques – pour obtenir d'eux qu'ils concourent à cet intérêt.

C'est ce que résume le slogan « MAGA » (« *Make America great again* »). Le gouvernement du peuple américain dans l'intérêt exclusif du peuple américain. Le reste du monde est un gigantesque gisement de ressources – humaines, politiques, économiques, matérielles – que le gouvernement américain estime légitime d'exploiter au service du peuple américain. C'est du moins le récit qu'il fait à ses électeurs. Et ceux-ci, à la différence de l'élection de 2016, sont maintenant les plus nombreux.

Il s'agit donc d'autre chose que de logique transactionnelle. Et ce n'est certainement pas de l'isolationnisme. Cette administration ne cesse au contraire d'intervenir tant dans sa région que dans le monde entier. Le terme d'« impérialisme » est actuellement très convoqué pour caractériser la geste et le discours trumpiens. Sa politique est, en effet, impérialiste. Son gouvernement est bien celui d'un État qui cherche à assujettir d'autres États et à exercer sur un grand nombre de pays une domination politique, économique, idéologique ou culturelle. Mais le terme d'« impérialisme » recouvre des formes si nombreuses et si variées dans l'histoire et la géographie qu'il est trop large pour spécifier le trumpisme. Le livre de Jane Burbank et Frederik Cooper, *Empires*[1], qui fait un tour du monde historique et géographique des empires, rend compte

1. Jane Burbank et Frederik Cooper, *Empires. De la Chine ancienne à nos jours*, Paris, Payot, 2011.

du fait que l'empire a été la forme politique et territoriale la plus répandue dans l'histoire de l'humanité. Rien que dans l'histoire américaine, il désigne des réalités très différentes les unes des autres. Alors que la politique mondiale des présidents des États-Unis entre 1945 et 1972 est très différente de celle du président Trump, Raymond Aron désignait les États-Unis comme une « République impériale[1] ».

Le terme d'« impérialisme » a aussi l'avantage de poser une équivalence entre les deux pouvoirs russes et américains qui ont opéré avec Trump un rapprochement sans précédent dans l'histoire des États-Unis ; ce seraient, selon les commentateurs, au choix, deux empires ou deux puissances impériales ou deux États hégémoniques dont la convergence mettrait les Européens en danger. Cette équivalence est pourtant

1. Raymond Aron, *République impériale. Les États-Unis dans le monde (1945-1972)*, Paris, Calmann-Lévy, 2023 [1973].

une facilité. La menace trumpienne et la menace poutinienne sont très différentes. Même s'il faut y faire face en même temps, les Européens ne s'en sortiront pas en mobilisant cette notion d'impérialisme et en les mettant sur les mêmes plans.

Il va falloir que les Européens trouvent le mot qui convient pour nommer cette réalité nouvelle, inédite en fait pour eux, qu'est le trumpisme. L'« emprisme » ?

La politique européenne de la nouvelle administration américaine, dite Trump II, introduit donc une profonde rupture avec celle des huit décennies précédentes : l'Europe n'y est plus l'alliée de l'Amérique. Les Européens et l'Union européenne n'y sont même plus des partenaires. Ils sont, au mieux, des clients, au pire des tributaires. Dit en termes crus : en 2025, les États-Unis ont lâché l'Union européenne. C'est l'invention d'une nouvelle relation aux Européens : les Américains veulent dorénavant les faire payer et les exploiter comme un gisement.

Quand bien même ce ne serait pas dans l'intérêt de l'économie américaine, des consommateurs américains et de la situation des États-Unis dans le monde – on le saura plus tard, là il est trop tôt pour l'évaluer –, il est tout à fait envisageable qu'une majorité d'électeurs soutienne cette politique en 2026 et en 2028, ou en tout cas n'y trouve pas un motif suffisant pour, tout bien pesé, sanctionner le parti MAGA et les candidats se réclamant de Donald Trump. Car Donald Trump et son parti ont remporté une victoire idéologique, une idéologie qui fédère des catégories d'électeurs variées, aux intérêts divers et parfois contradictoires. L'adhésion à une idéologie, dont on a esquissé les contours avec l'illibéralisme, peut mener à une sous-détermination des intérêts dans le choix du vote. D'autant plus que les États-Unis sont un pays fédéral, il est donc tout à fait possible de faire primer ses convictions idéologiques aux élections nationales et de faire primer ses intérêts aux élections des États fédérés. Le vote Trump est tellement un vote d'adhésion qu'il n'est pas sans évoquer une croyance, voire une foi, dans ce dernier, auquel cas la rationalité des intérêts ou le fait de rendre la politique de Trump responsable de difficultés économiques éventuelles pourraient ne pas déterminer le vote lors des élections intermédiaires de mi-mandat. Enfin, Donald Trump déclinant une politique illibérale, il n'est pas exclu que son gouvernement modifie l'écosystème électoral ou manipule les résultats pour conserver et augmenter sa majorité à la chambre des représentants.

Rupture historique : le 20 janvier 2025 marque la fin d'une alliance de près d'un siècle

Ce constat gît clairement et sans l'once d'une ambiguïté dans une série de discours prononcés et d'actions annoncées au mois de février 2025 à Bruxelles, Munich, Riyad, Kyiv et Washington par, respectivement, le secrétaire d'État à la Défense Pete Hegseth, le vice-président J. D. Vance, le secrétaire d'État Marco Rubio, l'envoyé Keith Kellogg et le président Trump.

Le 12 février 2025, le secrétaire d'État à la Défense, Pete Hegseth, officialisa la nouvelle politique européenne des États-Unis, celle de l'administration Trump II. Cette mise au point était d'autant plus claire qu'elle se tint à Bruxelles lors de la réunion du groupe de contact sur l'Ukraine, qui réunit les alliés de cette dernière depuis février 2022.

> Extraits : « Nous sommes également ici aujourd'hui pour exprimer clairement et sans ambiguïté une réalité stratégique incontournable : les États-Unis ne peuvent plus être principalement concentrés sur la sécurité de l'Europe. Nous devons – et nous sommes en train de – donner la priorité à la sécurité de nos propres frontières. [...] Cela nécessitera que nos alliés européens prennent la responsabilité de leur propre sécurité conventionnelle sur le continent. »

Deux jours plus tard, le vice-président J.D. Vance est intervenu à la conférence annuelle sur la sécurité qui se tient à Munich depuis 1964. Méprisant les usages diplomatiques en vigueur, qui plus est entre pays amis, il a snobé les dirigeants du gouvernement du pays hôte et a ménagé un entretien remarqué avec la cheffe du parti d'extrême droite allemand, l'AfD, au programme explicitement illibéral, bienveillant avec le passé nazi, pro-russe, OTAN-sceptique et euro-sceptique. La justice fédérale comme les services de renseignement allemands considèrent que ce parti met en danger l'État de droit et l'ordre constitutionnel de la République fédérale d'Allemagne.

Pour cette raison, la totalité des partis politiques allemands considèrent essentiel que l'AfD ne participe pas aux coalitions qui gouvernent l'Allemagne ou les *Länder*. Cette position porte le nom de « cordon sanitaire ».

La situation politique de l'Allemagne est compliquée : un cinquième des électeurs ont voté pour l'AfD aux élections générales de mars 2025. Cette proportion était de 16 % aux élections européennes de juin 2024. L'AfD est devenu le premier ou le deuxième parti en suffrages dans trois *Länder* de l'est de l'Allemagne. Nombreux sont les analystes et les commentateurs qui considèrent que la démocratie représentative et l'État de droit sont menacés de n'être plus considérés comme une valeur et une priorité politiques par ses électeurs. Ce basculement d'une partie croissante de la société allemande serait de nature à menacer les libertés et la démocratie dans ce pays.

Dans son discours, au lieu de parler géopolitique et d'exposer la doctrine stratégique de la nouvelle administration alors au pouvoir depuis trois semaines, J.D. Vance a repris à son compte le discours de l'AfD. J.D. Vance a accusé les gouvernements des pays européens d'être la principale menace vécue par les peuples européens. Il leur a reproché de lutter contre les ingérences numériques et les actions de déstabilisation de leurs vies politiques. Celles-ci sont pourtant documentées. Elles bénéficient d'un soutien déterminant de l'État russe, de l'État chinois via TikTok et, désormais, du gouvernement américain via X que dirige Musk, responsable du DOGE (ministère de l'efficacité gouvernementale). Ces actions d'ingérence bénéficient aux partis illibéraux de la mouvance des droites extrêmes et radicales.

À Munich, J.D. Vance a formulé cette accusation dans une logique populiste pure.

> Extraits : « La menace qui m'inquiète le plus vis-à-vis de l'Europe n'est pas la Russie, ce n'est pas la Chine, ce n'est aucun autre acteur extérieur. [...] La démocratie repose sur le principe sacré que la voix du peuple compte. Il n'y a pas de place pour les cordons sanitaires. Le peuple européen a une voix. Les dirigeants européens ont le choix. Vous pouvez accepter ce que votre peuple vous dit, même si c'est surprenant, même si vous n'êtes pas d'accord. [...]Nous ne devons pas avoir peur de notre peuple [...]. Bonne chance à tous. Que Dieu vous bénisse. »

Ainsi, le peuple est mythiquement un (les notions de diversité, de minorité, d'altérité, de pluralisme sont exclues de cette conception du peuple). Et le parti ou le candidat qui prétend en être l'émanation l'équivaut et doit l'emporter et gouverner.

Quelques jours plus tard, le 28 février 2025, J.D. Vance accusa le président Volodymyr Zelensky, devant le président Trump et la presse mondiale et en sa présence, à la Maison-Blanche, de manquer de respect au peuple américain et au président Trump, d'être ingrat ; il l'intima de rembourser l'aide que les États-Unis avait apporté à l'Ukraine depuis trois ans sous l'administration Biden pour lutter contre l'agresseur russe. Les deux gouvernements ont ensuite signé le 10 avril 2025 un accord, non pas de remboursement, mais présenté par la partie américaine comme la contrepartie de cette aide. Il porte sur la mise en valeur à venir des ressources du sous-sol ukrainien aux bénéfices des entreprises américaines, dans le cadre de la mise en place d'un fonds pour la reconstruction de l'Ukraine. Dans le même temps, y compris au Conseil de sécurité de l'ONU, l'administration Trump appelle à la fin des combats sans conditions, échange à haut niveau avec le gouvernement Poutine et reconnaît tacitement l'annexion de quatre régions de l'Est et du Sud-Est par la Russie en plus de la Crimée.

L'acte de décès de l'atlantisme porte ainsi sur la défense de l'Europe : les États-Unis ont cessé de la garantir. S'ils sont encore formellement dans l'OTAN, ils s'abstraient dorénavant des engagements de celles-ci. L'OTAN est une alliance qui serait éventuellement active si et seulement si (condition nécessaire, mais non suffisante) les Européens la finance et paye les Américains en retour (les deux, oui).

C'est pourquoi l'acte de décès de l'atlantisme porte aussi sur le commerce : la hausse des droits de douane infligée aux Européens est l'autre facette de cette stratégie. En effet, Donald Trump, J. D. Vance, Peter Thiel, Pete Hegseth, Marco Rubio et Elon Musk méprisent les Européens. Ils nous nomment « parasites » et « profiteurs ». Ces éléments de langage et cette manière de voir ont été documentés dans une conversation digitale décidant le 14 mars 2025 du bombardement des Houthis au Yémen. Elle aurait dû rester hautement confidentielle, mais ses protagonistes l'ont fait fuiter dans la presse par inadvertance. Sur une boucle de la messagerie Signal, elle réunissait J.D. Vance, Pete Hegseth, Marco Rubio, Scott Bessent et tous les dirigeants des services de sécurité américains, nommés par Donald Trump du jour au lendemain sans souci de continuité de l'État.

> Extraits : « Michael Waltz, conseiller à la sécurité nationale de Donald Trump : « Comme nous l'a demandé le Président, nous travaillons avec le département de la Défense et le département d'État sur une manière d'évaluer le coût de l'opération et de le faire payer aux Européens ». J.D. Vance : « Si tu penses qu'il faut le faire, allons-y. C'est juste que je déteste venir au secours des Européens encore une fois. » Pete Hegseth : « Je suis complètement d'accord. Je déteste le comportement des Européens. C'est pathétique. Mais Mike a raison, on

> est les seuls de la planète (parmi notre camp) à pouvoir le faire. »

Par ses actions et ses déclarations, l'équipe Trump intimide et insécurise les dirigeants européens et leurs pays. Dans sa manière de voir, les anciens alliés doivent devenir des clients et des tributaires sous emprise. Le discours de Trump du 2 avril 2025 sur les tarifs douaniers, celui du *Liberation day*, est limpide. Tout se tient.

> Extraits : « Notre pays a été pillé, saccagé, violé et dévasté par des nations proches et lointaines, des alliés comme des ennemis. [...] Souvent, nos amis sont pires que nos ennemis. [...] Nous nous engageons pour les travailleurs américains et pour l'Amérique d'abord. [...] Nous importons tous nos produits électroniques alors que nous étions une puissance dominatrice. [...] L'Union européenne est un partenaire particulièrement difficile, dur ; c'est pathétique combien les Européens nous escroquent. »

Un indice supplémentaire du traitement particulier réservé aux Européens est que les décisions prises le 2 avril en matière de droits de douane ont été moins brutales avec d'autres pays traditionnellement proches des États-Unis, comme le Mexique, le Canada, l'Australie et le Royaume-Uni, ainsi qu'avec la Russie, le Bélarus et la Corée du Nord.

Dans le monde de Trump et des trumpistes, les Européens doivent payer car ils profitent du commerce avec les États-Unis ; la création du marché commun leur a permis depuis 1957 de devenir le premier marché de consommation du monde et donc de développer la compétitivité de leurs entreprises, qui gagnent des parts de marché à l'exportation, y compris sur le marché américain. Comme par hasard, les Européens se sont faits depuis les chantres de l'Organisation mondiale du commerce (OMC), de l'universalisation des normes de production et des traités de libre-échange. Comme par hasard, puisqu'ils n'ont pas dépensé d'argent pour leur défense, ils ont développé ces compétences à l'abri de l'armée et de la dissuasion américaines. De même pour leurs États providence. Certes, les Européens achètent du matériel militaire américain, mais ce n'est qu'un juste retour des choses bien insuffisant pour compenser tout ce qui précède. Malgré ce commerce d'armes, la balance commerciale des États-Unis avec l'Union européenne est structurellement déficitaire.

C'est ainsi que s'explique le paradoxe d'une administration américaine qui frappe autant voire plus durement ses alliés que les autres, c'est ainsi qu'on comprend que, pour les États-Unis, il n'y a plus d'alliés, il n'y a que des ressources. Ce n'est pas de la transaction ; c'est de l'exploitation de gisements.

Cette manière de voir est donc à proprement parler une idéologie, elle masque le réel avec un système d'explications imaginaires tourné vers des actions.

La balance commerciale des États-Unis est déficitaire de longue date.

Depuis peu, c'est également le cas de sa balance des paiements. Pour autant, l'excédent dans le domaine des services est toujours remarquable, même si la balance des paiements ne permet plus de compenser le déficit dans le domaine des marchandises. La situation des États-Unis dans l'économie mondiale est donc devenue plus fragile. D'autant plus que le déficit de l'État américain est structurel et substantiel : depuis plusieurs décennies, les États-Unis vivent à crédit. Ce déséquilibre ne les a jusqu'alors pas rendu vulnérables en raison du privilège du dollar. Ce dernier est, de facto, la monnaie des échanges internationaux et il est à l'échelle mondiale la première monnaie de réserve des banques centrales. Les bons du trésor américain, dont l'achat sur les marchés financent les dépenses du budget des États-Unis, sont une valeur demandée. De même, les capitaux du monde entier trouvent à s'investir aux États-Unis en raison du dynamisme et de la créativité de ses entreprises. Ainsi, le surplus d'épargne qui caractérise l'Union européenne trouve un débouché attractif aux États-Unis, tandis que l'Union européenne est le premier foyer d'importation américain dans le domaine des marchandises – mais Donald Trump fait une fixation sur ce déficit commercial sans aucune sensibilité au tableau d'ensemble des relations économiques transatlantiques. De même, l'interdépendance de la Chine et des États-Unis se caractérise par un grand excédent commercial en faveur de la première (la République populaire est le deuxième foyer d'importation américain) et un grand excédent financier en faveur des seconds. Cette interdépendance n'est toutefois qu'un aspect de la relation entre ces deux puissances, qui se caractérise pour l'essentiel par la rivalité à l'échelle mondiale – dans les domaines du commerce, de l'aide au développement, du système de valeurs politiques, de la puissance militaire et des alliances.

Dans le monde sans alliances selon Trump, les droits de douane ont plusieurs fonctions. Qualifier et hiérarchiser les autres pays en est une : il y a les rivaux (Chine) ; les profiteurs (Japon) ; les parasites (Europe)… Procurer des recettes budgétaires supplémentaires – les droits de douane sont en effet des impôts – en est une autre. Ces recettes fiscales supplémentaires sont censées à la fois résorber le déficit public et financer des baisses d'impôts substantielles tant pour les entreprises que pour les particuliers. Ce sont des engagements de campagne. La plupart des économistes ont beau jeu de rappeler que la conception mercantiliste des échanges est un archaïsme (on peut citer par exemple, entre autres, Paul Krugman et Charles Wyplosz) et de remarquer que les baisses d'impôts sur les particuliers concernent les gens qui payent des impôts, alors que l'augmentation des droits de douane, répercutée sur le prix des marchandises à la consommation, concerne tous les consommateurs et va surtout pénaliser les ménages dont le pouvoir d'achat et le niveau de vie sont moindres ou faibles. Les droits de douane sont, enfin, censés résorber le déficit commercial et cela de deux façons. Soit directement : le coût des produits importés devient tel que les Américains ne les achètent plus ou en quantité bien moindre, et ils leur substituent l'achat de produits fabriqués aux États-Unis. Soit indirectement : l'administration Trump spécule sur le fait que les gouvernements des pays frappés par ces droits de douane très élevés vont négocier sur un mode : « Je t'échange la non-effectivité de ces droits de douane contre la promesse que les entreprises de mon pays vont, d'une part, passer des commandes à celles de ton pays pour faire remonter mes exportations de biens américains et ta balance commerciale et, d'autre part, faire construire des usines sur ton territoire américain pour fabriquer sur ton sol ce qu'elles exportaient vers chez toi et relancer le *made in USA* et la création d'emplois industriels que tu as promis à tes électeurs. »

La plupart des économistes ont ici beau jeu de souligner que les échanges commerciaux avec les États-Unis ne représentent que 13 % du commerce mondial. Si certaines entreprises vont compenser les droits de douane par des délocalisations aux États-Unis, la plupart d'entre elles vont diversifier leurs marchés à l'exportation. Tandis que d'autres ne pourront tout simplement pas encaisser le choc et pourraient mettre la clé sous la porte. Dans le même temps, les entreprises américaines n'ont pas les capacités de production à même d'offrir au consommateur américain les biens importés. Et ce n'est qu'à moyen terme que d'éventuelles nouvelles usines vont être créées par des entreprises non américaines.

L'essor du commerce mondial, impulsés par les entreprises et les gouvernements américains depuis 1945, va de pair avec une spécialisation des économies fondée sur des points forts et des avantages comparatifs – ce qui rend compte de la désindustrialisation de l'économie américaine et de l'importation structurelle de biens manufacturés fabriqués ailleurs, mais aussi, d'ores et déjà, comme dans le cas des automobiles japonaises, par l'implantation d'usines aux États-Unis. Cette mondialisation concerne aussi les chaînes de valeurs : les biens fabriqués aux États-Unis incorporent nombre de pièces et d'éléments fabriqués dans un autre pays (pensons aux puces électroniques, ou aux équipements des véhicules, ou aux écrans d'iPhone).

Parfois, les biens *made in USA* sont pour l'essentiel assemblés au Mexique ou au Canada, ces trois pays ayant constitué une zone de libre-échange (c'est-à-dire libre de droits de douane) depuis trente ans. Dans le même temps, l'économie américaine a excellé dans la production de services innovants, d'abord pour le marché américain avant d'être adoptés par les consommateurs (entreprises et particuliers) du monde entier, à l'image des fameux GAFAM (Google, Amazon, Facebook, Apple,

Microsoft) – il convient tout aussi bien d'évoquer, parmi d'autres exemples, l'entreprise Oracle de service informatique aux entreprises, Open AI, la Bourse de New York, celle de Chicago pour les matières premières ou encore les universités qui attirent des étudiants du monde entier déboursant des droits de scolarité les plus élevés au monde.

Bref, le plus probable est que cette augmentation massive et unilatérale des droits de douane américains pénalise en premier lieu les entreprises et les habitants des États-Unis. Pour autant, si l'on suit l'hypothèse que nous avons proposée au début de cet essai, cette politique économique ne rendrait pas Trump et le parti MAGA impopulaire, et si c'était le cas, pas au point de perdre les élections et le pouvoir en 2026 et en 2028. Car ce qui importe, dans cette hypothèse, c'est l'idéologie populiste et illibérale dont cette politique est l'émanation : rendre le pouvoir au peuple américain. Or, la situation des États-Unis dans l'espace mondial est telle que cet objectif général peut se concrétiser, dans l'ordre du discours et de la croyance, par le fait d'établir la suprématie des États-Unis, c'est-à-dire du peuple américain, dans le monde. Si les États-Unis se « font avoir » (*to scrub*) par leurs alliés et amis, c'est parce que le peuple américain est non seulement fort, libre, ingénieux et productif, mais aussi – noblesse oblige – bon et généreux. Pendant huit décennies, il a mis ses qualités au service de la liberté dans le monde et de la défense des valeurs partagées avec ses amis et alliés, qu'il a sauvés de la conquête et de la tyrannie, avant de les en préserver, et ceux-ci, dans cette idéologie, en ont profité pour abuser le peuple américain.

Cette conception du peuple américain rétabli dans son bon droit va de pair avec le fait que le trumpisme encourage autant qu'il légitime l'évolution des États-Unis en ploutocratie. Manifestement, pour les électeurs trumpistes, le peuple américain ne « se fait pas avoir » par les plus riches en patrimoine et en revenu de la société américaine. Il n'y a pas, ou bien moins que dans les sociétés européennes, une demande pour un État régulateur, correcteur des inégalités par des politiques publiques de redistribution des richesses. Sur ce plan, le peuple des électeurs américains de MAGA-Trump n'est ni le peuple des Gilets jaunes, ni celui des Insoumis, ni celui du Rassemblement national (RN), ni celui du Fidesz hongrois (le parti d'Orban) ni celui du PiS polonais (le parti de Jaroslaw Kaczynski et Mateusz Morawiecki), ni celui de *Fratelli d'Italia* (le parti de Giorgia Meloni) ou de la *Lega* (celui de Matteo Salvini).

Les cadres dirigeants du pouvoir trumpien soutiennent explicitement mouvements et partis des droites radicales et extrêmes européennes. Ils ont des raisons tactiques pour cela : ces mouvements pourraient être en Europe les meilleurs agents – les meilleurs collaborateurs – de la restauration de la suprématie du peuple américain et du rétablissement de ce dernier dans ses droits naturels. En effet, ces mouvements et MAGA ont une détestation commune pour les élites, la démocratie représentative, le politiquement correct, les minorités, les étrangers et le pluralisme. En conséquence, ils ont en commun un mépris pour l'État de droit qui garantit le pluralisme et les droits universels. Il existe des signes montrant que ces partis pourraient être séduits par le charisme de Trump et le caractère puissamment performatif de l'application par son gouvernement des éléments programmatiques qu'ils ont en commun. Ne dit-on pas qu'Orban est trumpiste, alors que son action illibérale au pouvoir précède celle de Trump ? MAGA-Trump au pouvoir frappe si fort et si vite, son discours est si radical, si brutal et sans filtre, que les leaders des partis européens qui professent le même type de valeurs semblent subjugués.

Mais ces droites radicales et extrêmes européennes, d'une part, et MAGA-Trump, d'autre part, ont tout autant de nombreuses divergences. La plus importante porte sur le rôle de l'État. Dans les mouvements illibéraux d'Europe, de droite comme de gauche d'ailleurs, l'État joue un rôle central et structurant. En schématisant, on pourrait dire que l'État y est l'émanation du peuple autant que la garantie de ses droits ; tandis que l'illibéralisme trumpien intègre, lui, une forte composante libertarienne[1].

De plus, les politiques publiques de MAGA-Trump sont, comme celles des partis illibéraux d'Europe, nationalistes et souverainistes : quand on est dirigeant d'un autre État, les louer, les admirer et les conforter ne peut mécaniquement que conduire à desservir les intérêts de son propre pays, à les aligner sur ceux prêtés au peuple américain, à la vassalisation et l'allégeance.

Le projet réitéré d'annexion du Groenland est le cas limite de la politique

1. Marlène Laruelle, « Vance, Musk, Bannon : The Three Bodies of Trumpism », *illiberalism.org*, 27 février 2025.

européenne trumpienne. Le Groenland est une ancienne conquête coloniale du Danemark. Il en est aujourd'hui un territoire autonome. Les États-Unis y disposent d'une vaste base militaire dans le cadre de l'OTAN. En lieu et place de l'accord contracté avec un État allié attribuant aux États-Unis celle-ci en franchise de souveraineté, l'annexion devient le moyen nécessaire pour instaurer la sécurité exclusive du peuple américain, notamment parce qu'elle comprend l'exploitation unilatérale et sans entraves des richesses naturelles pour financer cette sécurité et tirer un profit des ressources. Il s'agit d'une logique impérialiste de type coloniale : l'assujettissement des sociétés et la prédation des richesses par la conquête des territoires. Il s'agit aussi de défaire par la force les régulations sociales, culturelles et environnementales tissées par les Européens et promues par eux dans les relations internationales ; de nier le droit des peuples à disposer d'eux-mêmes. De dénier au peuple des autres pays que le sien la souveraineté, et de le faire au nom de la souveraineté du peuple étatsunien. Cette manière de voir est également projetée sur le Canada, dont l'annexion est envisagée avec l'idée d'en faire le 51e État des États-Unis.

Face à une telle brutalité de la nouvelle politique européenne du gouvernement américain, nous réfutons les discours byzantins qui imaginent conforter l'OTAN en faisant autrement. Non, l'Europe « accro à l'atlantisme » doit volontairement entrer en cure de sevrage ; et elle doit dans le même temps oser le rapport de force avec son dealer. Car la défense d'un territoire suppose la constance et la crédibilité dans la durée. Depuis le surgissement de MAGA-Trump en 2016, la vie politique étatsunienne a décomposé l'engagement des États-Unis à assurer la défense du territoire européen dans le cadre de l'alliance atlantique. Concrètement, les Européens ne peuvent plus compter en permanence sur le soutien stratégique des États-Unis, dont la moitié au moins des électeurs et l'un des deux partis de gouvernement ne les considèrent plus comme des alliés, mais comme des profiteurs ingrats.

Les Européens, alliés lâchés, ont le choix entre deux voies. La première consiste à devenir les tributaires des Américains, suppliant les États-Unis de garantir la défense de leur territoire ; en contrepartie, ils acceptent les conditions définies unilatéralement par le gouvernement américain. Sous le triumvirat Trump-Vance-Musk, ce sera donc, d'ores et déjà (et sous réserve d'exigences nouvelles à venir), s'engager à acheter bien plus de marchandises étatsuniennes (dont du gaz en grande quantité) et à accroître les investissements directs à l'étranger (IDE) européens aux États-Unis ; de réduire à peau de chagrin les régulations européennes numérique et environnementale ; aligner les politiques chinoise, russe et ukrainienne de l'Europe sur celles des États-Unis ;

augmenter considérablement leurs dépenses militaires dans le cadre de l'OTAN pour faire baisser celles que les États-Unis consacrent à la défense de l'Europe.

La deuxième voie est inédite et constitue un tournant historique. Les Européens se fixent un cap nouveau : l'autosuffisance militaire et de défense.

Le choix de l'autosuffisance

L'Union européenne est déjà une union politique, une union économique et une union monétaire – même la grande majorité des partis eurosceptiques ne remettent plus en cause l'euro. L'Union européenne peut donc devenir maintenant une union de défense du territoire, des États membres et de ses habitants. Le fait que les Européens se soient constitués en union politique et économique – en exerçant en commun les politiques monétaire, agricole, de la concurrence (qui permet notamment la régulation du numérique) et du commerce – les rend plutôt robustes face à la mise à mort de l'atlantisme par MAGA-Trump II.

En revanche, face à cette fin de l'atlantisme, le choix qu'ils ont fait de l'OTAN dès 1949 comme politique de défense européenne les expose et les rend vulnérables.

C'est pourquoi, dès lors que l'atlantisme est fini, il faut faire de l'Union européenne une alliance militaire, c'est-à-dire une union de défense.

Faire ce diagnostic ne revient pas à discréditer *a posteriori* le choix fait par les Européens de l'alliance atlantique. Il convient ici d'en rendre compte. L'OTAN a été un coup de génie des Européens : la meilleure garantie de défense possible pour un coût défiant toute concurrence ; cela a marché quatre-vingt ans, ils ont tout lieu de s'en féliciter. Depuis 1947, les Européens ont plaidé pour que les États-Unis soient très engagés dans la défense de l'Europe, et ils ont fait le choix collectif de l'OTAN comme défense collective. Les Européens étaient exsangues, défaits et ruinés par les deux guerres mondiales. Dès la fin de la Seconde Guerre mondiale, un grand nombre d'États européens faisaient pourtant le choix de livrer des guerres coloniales en Asie et en Afrique. Dans le même temps, ils craignaient, à juste titre, l'impérialisme soviétique qui venait d'assujettir un grand nombre d'autres pays européens. Les Européens libres ont donc voulu cette présence militaire américaine et cet engagement des États-Unis anti-communistes dans l'alliance militaire chargée de la défense de l'Europe dite alors occidentale, capitaliste et libérale.

Jusqu'à présent ce choix a atteint ses objectifs. Il avait ses inconvénients, mais tout autant énormément d'avantages. Les pays européens membres de l'OTAN ont été préservés des projets soviétiques de mise sous influence ou d'assujettissement. Ils ont été en position de ne pas être intimidés par la menace atomique de l'URSS – alors que seuls deux d'entre eux, la France et le Royaume-Uni, s'étaient dotés d'une force de dissuasion nucléaire. Tous les autres avaient fait le choix de bénéficier de celle des États-Unis dans le cadre de l'OTAN. Il s'agit bien d'un choix collectif : l'épisode de la crise des euromissiles au tournant des années 1980 en témoigne sans ambiguïté. L'OTAN est objectivement demeurée une alliance défensive ; sa fonction a été en première instance de dissuader d'agresser militairement le territoire des pays membres, ou de menacer de le faire. Cela a marché : la guerre froide, en Europe, l'est restée. Depuis la chute du communisme en Europe et de l'Union soviétique, l'OTAN, qui comptait seize États membres en 1991, s'est élargi en intégrant seize États, par adhésion volontaire, pour se protéger du risque potentiel d'expansion de l'État russe. Le fait est que l'armée de la Fédération de Russie s'est installée par la force dans plusieurs pays qui furent des républiques socialistes soviétiques, en y provoquant des conflits gelés, comme en Géorgie en 2008 et en Ukraine en 2014, avant de déclencher l'invasion à grande échelle de cette dernière en 2022. Les Ukrainiens ont beau jeu de dire, depuis 2014, que cette invasion en deux temps n'aurait pas eu lieu si la France et l'Allemagne ne s'étaient pas opposées à l'adhésion de l'Ukraine à l'OTAN du temps de Nicolas Sarkozy et d'Angela Merkel.

Si la construction européenne témoigne que les pays d'Europe ont décidé avec succès de ne plus se faire la guerre, c'est par l'OTAN qu'ils sont parvenus à ne pas avoir à faire la guerre, le cas échéant, contre un pays hostile.

Nous ne disons pas ici que c'était le seul choix possible pour parvenir à ce résultat. Nous disons qu'il est important, pour le débat en cours, de ne pas avoir la mémoire courte, de considérer ce choix et ce résultat à leur juste valeur. Depuis soixante-quinze-ans – trois générations –, l'OTAN a été librement, de façon volontaire et consentie, la défense collective des pays européens indépendants. C'est un fait.

Que les États-Unis en ait tiré des avantages ne le modifie pas. D'autant que ces avantages, tout compte fait, ont été assumés par les Européens. Même du temps de la guerre froide, les Européens ne consacraient pas à leur appareil de défense le même effort que les Américains. La surreprésentation de l'armement américain dans l'équipement des pays d'Europe n'est pas que la résultante de la situation centrale et dominante des États-Unis dans l'OTAN. Elle est aussi la contrepartie d'un moindre effort technologique en Recherche et développement (R&D) et en développement industriel. Il signale tout autant la préférence des États européens pour la dépendance industrielle, dans le domaine de la défense, vis-à-vis du tiers américain plutôt que pour d'autres États européens membres de l'Alliance. Il témoigne aussi du choix fait par les gouvernements des pays européens depuis des décennies pour le nationalisme et le corporatisme dans le domaine des industries de défense.

La chose militaire est un domaine dans lequel, de très longue date, les appareils d'État veulent avoir les mains aussi libres que possible. C'est une tradition. L'armée est l'émanation de l'État – ou du moins de certains corps au sein de l'État, eux-mêmes en symbiose avec quelques entreprises industrielles héritières d'une très longue tradition et choyées par la commande publique.

Comme l'a résumé l'universitaire Charles Tilly dans une formule devenue célèbre : « L'État a fait la guerre ; la guerre a fait l'État. » Depuis les révolutions anglaise (La *New model army*, Cromwell, Fairfax) puis française (l'armée de l'an II, Carnot, Bonaparte), on se raconte en Europe que l'armée est méritocratique et populaire, que c'est la nation en actes. La politique militaire est cependant peu sensible, moins que les autres politiques publiques, à la demande citoyenne, à la demande sociale et à l'opinion publique. Dans les régimes démocratiques des pays européens, les partis politiques et les assemblées représentatives n'ont pas particulièrement de prise sur les politiques militaires.

Deux histoires actuelles témoignent de cette particularité de la chose militaire dans l'Europe des démocraties libérales : Airbus et Aukus. Commençons par Airbus. L'aéronautique fait l'objet tout au long de la seconde partie du XXe siècle de fusions et de concentrations. En Europe, elle aboutit en 2000 à EADS group. L'histoire de ce dernier témoigne du succès de cette démarche dans l'aviation civile : EADS finit par devenir Airbus, sa filiale civile, et l'unique constructeur européen d'avion de plus de 100 places. Airbus est devenu le leader mondial dans cette catégorie. Dans le militaire – l'industrie de défense – EADS/Airbus n'aura produit cet effet que pour les hélicoptères et un avion militaire de transport (le A400M) et, in extremis depuis 2011, un avion ravitailleur (l'A330 MRTT). Airbus a une participation dans l'unique avion de chasse européen, l'Eurofighter, co-construit avec BAE systems (Royaume-Uni) et Leonardo (Italie). Ces deux États, ainsi que l'Allemagne et l'Espagne (en raison de leur rôle dans Airbus) en ont acquis. Seul un État membre de l'Union européenne non partie prenante de sa fabrication en a acquis : l'Autriche, qui n'est pas membre de l'OTAN. Dassault aviation s'est retiré très rapidement de l'Eurofighter et n'a plus aucun lien capitalistique avec Airbus. Dassault a tenu à faire cavalier seul avec le Rafale. Au sein de l'Union européenne, hormis la France, seules la Grèce et la Croatie ont acquis des Rafale – d'occasion. Le troisième avion de combat fabriqué dans l'Union européenne est le Gripen (Saab). Trois États de l'Union européenne en possèdent : la Suède (berceau de Saab), la Tchéquie et la Hongrie.

Dans l'Union européenne, vingt États ont des avions de combat. Dix sont équipés de l'un des trois modèles fabriqués dans l'Union européenne (Eurofighter, Rafale, Gripen). Et dix-sept utilisent, ou sont en train d'acquérir, des modèles

F-16 ou F-35 de fabrication américaine Lockheed Martin, ou bien sont toujours équipés de McDonnell Douglas. La Bulgarie et la Croatie restent équipées de Mig de fabrication soviétique.

Morale de cette histoire : pour l'aviation civile, les constructeurs ont choisi de se regrouper pour affronter la concurrence et augmenter leurs parts de marché. Un demi-siècle après avoir initié cette démarche, ils en recueillent les fruits de façon remarquable. Dans l'aviation militaire, les constructeurs choisissent de ne pas le faire. Ils bénéficient de la bienveillance ou de la passivité de « leurs » gouvernements. Ces derniers jouent les VRP à l'exportation hors Union européenne de ces avions de combat sophistiqués construits chez eux, tout en étant le principal client desdits avions qu'aucun autre pays européen n'achète. Et jamais l'ensemble des gouvernements européens ne se coordonnent pour limiter, voire éviter, le sur-achat de modèles fabriqués par l'industrie américaine. Dit autrement, les États européens dépensent beaucoup d'argent pour s'équiper en flotte d'avions de chasse, et cet argent finance pour l'essentiel et en toute connaissance de cause l'industrie de défense américaine alors qu'il pourrait être dépensé en finançant et en mutualisant le développement de la construction d'avions de chasse par l'industrie européenne.

Aukus raconte comment les États membres de l'Union européenne ont conforté l'industrie militaire dans du corporatisme monopolistique nationaliste et l'ont exemptée du marché commun, de la concurrence et de toute politique européenne. Et cela dure depuis le traité de Rome, c'est-à-dire depuis soixante-huit ans.

En décembre 2016, le gouvernement français se félicitait de l'achat très important par l'Australie de douze sous-marins de fabrication française par le gouvernement australien. Dans la *short list* de quatre offres, le constructeur Naval Group était en concurrence avec ses homologues japonais, suédois et allemand. Dans cette compétition comme dans ce résultat, il n'était pas question d'Europe – ni dans la réponse à l'appel d'offres, ni dans le narratif.

Près de cinq années plus tard, le gouvernement australien dénonçait ce « contrat du siècle », comme on l'appelait côté français. Il lui a substitué l'achat de sous-marins de fabrication américano-britannique, en même temps qu'il signait avec ces deux pays une nouvelle alliance militaire dans le Pacifique : Aukus (acronyme constitué par leurs initiales).

Furieux et meurtri, le gouvernement français a fait une longue mise au point par la voix de Jean-Yves Le Drian, son ministre des Affaires étrangères à l'époque.

> Extraits : « Ce ne sont pas seulement les intérêts industriels de la France qui sont en cause dans ce dossier. L'enjeu, c'est aussi la place des Européens dans le monde d'aujourd'hui. [...] L'enjeu pour les Européens, c'est aussi, ce qui n'est pas moins fondamental, la manière dont

> nous choisissons de répondre ensemble, en fonction de nos intérêts propres et de notre lecture commune de la situation, aux tensions et aux menaces, en particulier dans la zone indo-pacifique. [...] Il est urgent de renforcer encore l'Europe de la défense que nous construisons pas à pas. »

Pour conclure, tout au long de la présidence Trump I, les Européens, Français en tête, en ont appelé à l'autonomie stratégique européenne et à l'Europe de la défense. Mais ils n'ont rien fait pour infléchir le fait que leurs industries de défense sont fragmentées et se concurrencent entre elles, y compris dans un secteur, les sous-marins, et dans une région du monde, le Pacifique, où les États-Unis pèsent d'un très grand poids et sont, de Barack Obama à Joe Biden en passant par Trump I, très vigilants et très fermes (plus que les Européens) vis-à-vis de l'expansion de la Chine, que les Australiens vivent comme une menace existentielle. Accessoirement, l'appel du ministre à la solidarité européenne et au renforcement de l'Europe de la défense est tombé à plat, tant les Français ont la réputation, confortée par le « contrat du siècle », d'y rechercher tout autant sinon davantage l'expansion commerciale de leur industrie de défense nationale.

Aujourd'hui, ce paramètre pourrait bien changer puisque les Américains expriment clairement qu'ils ne veulent plus ni financer ni défendre les Européens, sauf à la condition que ces derniers acceptent voire demandent d'être les tributaires des États-Unis.

Ce n'est pas joué : plusieurs pays sont encore en train de confirmer des commandes de F-35, au motif que, face à la menace russe et à la nouvelle politique européenne de MAGA-Trump, il y a urgence à s'équiper en avions de chasse dernier cri rapidement livrables.

Pour autant, les Européens ont des outils sur lesquels s'appuyer pour faire le choix de l'autosuffisance militaire et de défense. Depuis le sommet de Londres du 2 février 2025, les dirigeants européens, par exemple allemands, polonais, danois, estoniens et de l'Union européenne – Ursula von der Leyen et Kaja Kallas – reprennent à leur compte des propositions de financement d'une base industrielle et technologique de défense à l'échelle européenne et de dépenses publiques d'armements qui étaient jusqu'alors connues comme des positions françaises.

Si les Européens et leurs alliés sont encore loin d'avoir les réponses opérationnelles à la question « Comment faire sans les Américains de Trump en train de construire un nouvel axe avec la Russie de Poutine ? », ce sommet de Londres a montré qu'ils sont déterminés à les trouver et à poursuivre leur soutien à l'Ukraine en guerre contre son envahisseur.

L'effort de défense des Européens est le troisième au monde, et leur art militaire est un des plus anciens qui a historiquement le plus fait ses preuves – on le leur reproche suffisamment depuis la décolonisation et l'avènement du Sud global. Par conséquent, le défi à relever n'est pas tant budgétaire que politique et organisationnel : il convient de tordre le bras des industriels nationaux de l'armement et des corporatismes militaires pour aller vers une Union européenne de défense. Ce sera long, il faudra être imaginatif et persévérant, mais c'est tout à fait réalisable en utilisant le marché unique, la politique industrielle, la dépense publique, les clauses du traité de Maastricht. Le plan ReArm Europe annoncé par la Commission européenne en mars 2025 va dans cette direction. Il préconise, par exemple, de sortir les dépenses militaires des États membres des critères de Maastricht.

Mais il est important de dépenser ensemble et pas seulement plus chacun de son côté. Les Européens ont déjà récemment mis au point des instruments nouveaux, comme la facilité européenne pour la paix, ou le règlement sur le renforcement de l'industrie européenne de la défense par les acquisitions communes (EDIRPA), qu'il convient d'utiliser pleinement comme des leviers ; ce dernier incitera les États membres à acquérir conjointement des équipements militaires ensemble en en subventionnant une partie. La Commission européenne propose de jouer le rôle de centrale d'achat de biens militaires – à l'image du rôle qu'elle avait créé pour l'achat des vaccins contre le Covid-19. L'objectif d'ici à 2030 est d'acquérir 40 % des équipements de manière commune et 50 % des équipements au sein de l'Union européenne – et donc de se déprendre de la dépendance au matériel américain. Il s'agit donc pour l'Union européenne de se comporter en puissance publique avec des commandes sur vingt-cinq ans. Il convient de créer de toutes pièces sous statut d'entreprise européenne les industries de défense qui n'existent pas encore, comme la production de drones, entre autres. Les Européens doivent parvenir au même résultat que dans l'OTAN en se passant des Américains à terme : interopérabilité des systèmes d'armes et gamme complète d'armement. Ils en sont loin, et cela ne peut que prendre du temps. Est-ce une raison pour ne pas s'y atteler ?

Le soutien des Européens à l'Ukraine en guerre révèle des lacunes de l'industrie de défense européenne, certes, mais aussi des forces et des capacités politiques des Européens. Le « plan munitions[1] », établi pour fournir l'Ukraine, a amené la Commission européenne à jouer son rôle d'animateur et à découvrir que la capacité de production agrégée de l'Union européenne était supérieure à celle des États-Unis : 500 000 obus de 155 mm par an contre 250 000 à 300 000.

Faire une Union européenne de défense, une vraie, cela suppose que les politiques tordent le bras au corporatisme des industries de défense nationale ; sur vingt-cinq exportateurs mondiaux d'armes, les vingt-cinq premiers, il y a dix Européens, y compris la Belgique et le Portugal. Les études sur la défense en Europe, comme celles de Samuel Faure,

1. Acte de soutien à la production de munitions (ASAP).

professeur de l'IEP de Saint-Germain-en-Laye[1], ont clairement montré que les Européens se sont remis à augmenter leurs dépenses militaires depuis 2014 et encore plus depuis 2022, et que cet accroissement se fait dorénavant en commençant à mobiliser les ressources politiques, institutionnelles et financières de l'Union européenne. Toutefois, à ce stade, cet accroissement prend encore la forme d'une augmentation des dépenses nationales, décidées en tuyaux d'orgue sans vision européenne d'ensemble, où chaque État passe ses commandes publiques aux entreprises qu'il choisit seul et sans coordination. Cette fragmentation n'est plus possible si les Européens décident d'être autosuffisants ; il faut que les politiques exercent leur autorité et que les constructeurs nationaux jaloux de leur monopole, comme Dassault, ThyssenKrupp, Rheinmetall, Naval

1. Samuel B. H. Faure, « La relance de la défense européenne : par les États, pour les États », 22 avril 2022.

Group, Leonardo etc., arrêtent de bloquer la politique européenne de défense et une défense industrielle européenne.

Une fois que les Européens auront fait ce choix, ou en même temps qu'ils le font, il leur revient de se choisir des alliés, puisque les États-Unis ne le sont plus. Le Canada, le Royaume-Uni et l'Ukraine, dont l'armée et le courage ont tant à apporter aux Européens, peuvent l'être, bien sûr. Et pourquoi pas la Corée du Sud, le Japon et l'Australie qui, comme les Européens, sont lâchés et maltraités par l'administration MAGA-Trump II. Il sera tout à fait envisageable d'associer à cette politique industrielle européenne de défense, comme le proposent Pierre Haroche, maître de conférences à l'Univerité catholique de Lille, et Ronja Kempin, chercheuse à la Stiftung Wissenschaft und Politik[1],

1. Pierre Haroche et Ronja Kempin, « En Ukraine, l'Europe vit son "moment Démosthène" », *Le Monde*, 13 décembre 2023.

ces pays alliés qui ne sont pas membre de l'Union européenne – comme l'Ukraine, dont la politique d'armement est inventive et dynamique. Le diplomate français et européen reconnu qu'est Pierre Vimont appelle lui de ses vœux les Européens à se doter maintenant de l'équivalent d'un conseil de sécurité, de façon à se doter d'une culture stratégique et prospective intense et partagée et d'une capacité de prendre les décisions appropriées avec célérité.

Enfin, *Si vis pacem para bellum*, il s'agit de dissuader les ennemis et les lâcheurs du coût terrible qu'ils paieraient en cas d'agression ; le nouveau chancelier allemand Friedrich Merz l'a bien compris et le président Macron aussi avant lui : l'un, dès février 2025, comme l'autre, en février 2020, ont proposé de débattre de l'élargissement du parapluie nucléaire français à l'Allemagne et à l'Union européenne.

Friedrich Merz a donc tiré les conclusions de la nouvelle politique trumpiste avec une célérité et une netteté tranchantes.

Ce faisant, il témoigne d'une sûreté de jugement et d'une acuité rares. Depuis 1949, et Konrad Adenauer, la démocratie chrétienne allemande se caractérise par trois grandes convictions : l'économie sociale de marché, la construction européenne et l'atlantisme. C'est l'ancrage à l'Ouest et dans la démocratie libérale qui garantit à l'Allemagne d'être une nation prospère et en paix avec ses voisins dont, au premier chef, la France.

Friedrich Merz a compris plus vite que tout le monde en Allemagne qu'avec Trump II, il fallait renoncer à l'atlantisme et compter sur la seule construction européenne.

Friedrich Merz connaît les États-Unis et ses entrepreneurs mieux que tout autre dirigeant européen – il fut l'un d'eux. Avant même de prendre ses fonctions, il a tranché dans le vif et amputé : ce sera l'Europe de la Défense et la défense de l'Allemagne par l'Europe et le couple franco-allemand.

Emmanuel Macron plaide, à sa façon, pour une Europe de la défense depuis 2017, date de son premier discours de la Sorbonne.

En 2019, dans un autre contexte, celui des guerres en Syrie et au Mali, il déclarait : « Ce qu'on est en train de vivre, c'est la mort cérébrale de l'OTAN. » Aujourd'hui, sa vision est en phase avec l'époque et la situation : Donald Trump est en train de mettre fin à soixante-quinze ans d'atlantisme – chacun pour soi dorénavant – et préfère un axe complètement disruptif Trump-Poutine et États-Unis-Russie qui passe par pertes et profit la sécurité des Européens et la défense de l'Ukraine.

Une boîte à outils robuste

Récapitulons. La dissuasion nucléaire n'est qu'un des deux volets de la question de la sécurité des Européens lâchés par les États-Unis alors que la Russie fait la guerre à leur frontière. Le second est moins essentiel, mais peut-être plus substantiel : les Européens, soudain vulnérables, vont-ils faire le choix de l'autosuffisance militaire ? Il s'agit pour les Européens de se doter de capacités militaires complètes et interopérables, indépendamment de la technologie, des composants et des armes venus des États-Unis, ou d'ailleurs.

Alors que les pays européens et leurs entreprises sont dans ce domaine mercantilistes et égoïstes, il s'agit donc de bâtir, pour ainsi dire de toutes pièces, une industrie de défense européenne coordonnée et qui couvre la totalité des besoins. Il s'agit de bâtir une puissance publique qui, à l'échelle européenne, oriente cette industrie à venir par son engagement et ses commandes de long terme – ce qui suppose, là aussi, une coordination au cordeau à Bruxelles. Cet objectif demande de la constance, de la détermination et une volonté de fer. Il sera crucial que les Polonais y adhèrent eux aussi à 100 %. Ce sera un test pour le nouveau couple Macron-Merz. Il a deux ans pour le prouver dans le cadre de l'article 47.2 qui est la clause d'assistance mutuelle de l'Union européenne qui engage tout État membre, même les neutres.

D'ores et déjà, dans la boîte à outils européenne, la politique étrangère occupe plusieurs tiroirs – dont la capacité à édicter des normes, à structurer son voisinage, à passer de nombreux traités dits de « commerce » ou « d'investissements » et, *last but not least*, à s'élargir par attraction.

Face à des États-Unis impérialistes adeptes de l'emprise et à un État russe prédateur et violent, l'Union européenne a une carte à jouer, non seulement auprès des autres pays « occidentaux », mais aussi auprès d'une partie du Sud global qui est loin d'être un bloc. Elle est, en effet, le premier partenaire commercial de 53 pays. Cela suppose de parvenir à déjouer le soupçon d'une Europe post-coloniale, y compris dans les politiques de lutte contre le changement climatique.

L'Union européenne a aussi une carte à jouer auprès d'elle-même : l'abondante épargne des Européens gagnerait à être davantage investie dans la recherche, l'innovation et la production, et à l'être davantage au bénéfice de l'économie européenne et du marché européen. Et, à l'instar de ce qu'ils ont fait avec le plan de relance anti-covid, les Européens gagneraient à développer la capacité d'emprunt et d'investissement de leur Union européenne – pour les industries de défense, mais pas seulement !

On rappellera aussi que, pour se faire respecter, les Européens n'oublient pas l'existence des articles 29 du traité sur l'Union européenne (TUE) et 215 du traité sur le fonctionnement de l'Union européenne (TFUE) qui habilite le Conseil de l'Union européenne à prendre toutes les sanctions qu'il veut sans autre forme de procès à l'encontre de tout entité ou individu non membre de l'Union européenne. Ils pourraient ainsi du jour au lendemain interdire X et les GAFAM sur le territoire européen. Serait-ce se tirer une balle dans le pied ou un moyen efficace de faire pression sur des entreprises qui réalisent 25 % de leur chiffre d'affaires dans l'Union européenne et qui sont le fer de lance de l'économie américaine et l'un des piliers de la victoire de MAGA-Trump II ?

D'ores et déjà, les Européens ne se privent pas d'utiliser avec mesure leur palette d'instruments de défense commerciale enrichie depuis 2017 : mesures antidumping ; mesures antisubventions ; filtrage des IDE ; instrument anti-coercition de riposte aux agressions commerciales unilatérales. Ce dernier est mobilisé progressivement en réaction au protectionnisme du gouvernement américain. Il pourra l'être bien davantage pour taxer stratégiquement des importations de services en tant que de besoin.

On terminera sur la question qui sous-tend la possibilité de la robustesse de l'Union européenne : les Européens comme société sont-ils fatigués, vieux et atteints par une aversion aux risques, ou pas ? Cela doit peu aux institutions et au régime politique européen, et beaucoup à la société civile et à la culture politique et économique des Européens. C'est, à sa façon économiciste, la question que pose le rapport Draghi. La sortie de l'atlantisme se fera par le haut si les citoyens européens en débattent et en font le choix collectif.

Bref, face à des Américains illibéraux qui essaient de dire aux Européens comment ils doivent penser, comment ils doivent agir, comment ils doivent payer et comment ils doivent s'aligner, il convient de tirer trois conclusions simples qui sont : les Européens sont seuls ; l'alliance atlantique est morte en 2025 ; les Européens étant seuls, mais ensemble et en paix, ils sont loin d'être isolés et leur avenir dépend de leur intelligence collective et de leurs choix.

25 mai 2025

Table des matières

Retrouvez notre catalogue sur
www.editionsdelaube.com

Pour limiter l'empreinte environnementale
de leurs livres, les éditions de l'Aube
font le choix de papiers issus de forêts
durablement gérées et de sources contrôlées.

Achevé d'imprimer en juillet 2025
sur les presses de l'imprimerie New Print
pour le compte des éditions de l'Aube
331, rue Amédée-Giniès,
F-84240 La Tour-d'Aigues

Numéro d'édition : 6825
Dépôt légal : août 2025
Numéro d'impression :

Imprimé dans l'Union européenne